嘉靖以來內閣首輔傳卷之三

吳郡王世貞元美著

夏言

夏言字公謹廣信之貴溪人性謹敏能屬文尤長於筆札自其在公車則已奕奕有儁聲舉進士授行人司行人擢兵科給事中奉 詔覈斥錦衣冒濫官屬三千二百出按皇莊侵占農地二萬餘頃糾中貴人趙彬建昌侯張延齡前後七疏皆報可轉右給事中同考會試疏請杜內

臣傳乞救知府郭九臯等緹逮及請慎出入以嚴政體及論邢福海等不當以傳奉陞皆諤諤爲人所傳誦丁母憂歸服除守故官尋轉禮科左遂進兵科都給事中時山西劇盗陳卿糾衆據青羊山爲亂朝廷大發諸鎮兵討平之而所遣將臣以下久爭功不決且有因而爲利者言發其事遂命往覆勘次第功罪皆當還朝考武舉試時兵部廷推左都御史王憲出行邊禦虜憲有難色言即劾罷之而 上實心器言會吏

科鈌都給事中故事當以左序遷特 旨移言
長吏科言以是益自負時 上方貴輔臣張孚
敬等相與推明宗祀禮樂之事言謂農桑天下
本今 人主旣親耕行籍田禮而 后不親蠶
非所以昭陰教示婦職也因上 皇后親蠶疏
上大悅報旨稱美而南北郊之議起 高皇
帝初卽位爲圜丘於南郊以祀天爲方澤於北
郊以祀地行之未幾而合之恒以元正之後三
日致祭因大享羣臣蓋頗用漢唐故事云 上

與輔臣孚敬密議之不以爲善也孚敬微泄之
言乃上疏謂當以冬至祭天於南郊之圜丘以
夏至祭地於北郊之方澤而引周禮及 高皇
帝初卽位詔爲據而謂漢唐以下不足法 上
益大悅下禮官會羣臣議有謂以 高帝二百
年之定制爲不當輕易者有謂工鉅而財詘不
當輕舉者有謂夏至前而冬至後於天尊地卑
不稱者十之七八 上乃召言見便殿 賜璽
書褎奬與四品服欲以風厲羣臣而卒莫之應

詹事霍韜辨論益切至貽書切責言指以爲奸
邪言恚繳其書上之因遂劾韜五罪　上怒甚
械韜下之御史臺獄輔臣孚敬爲力請不聽久
之乃釋還職　上不欲　太宗與　太祖竝配
天與孚敬議以　太祖配天而　太宗祀大享
殿如古明堂以配上帝孚敬意難之下羣臣議
亦莫之應而言復伸　上稽考古禮以請　上
益大悅以祀典成進翰林院侍讀學士仍兼都
給事中侍經筵日講賜金飾花犀帶視尚書言

嘗薦都察院左僉都御史李如圭以右副都御
史出賑濟陝西於是僉都御史缺廷推言與右
諭德彭澤　上遲徊久之而御史熊爵謂言出
如圭以爲巳地言亦辭　上乃勉慰言俾食四
品俸澤以孚敬力復超爲大常卿言楚士也很
孚敬不巳薦而右彭澤銜之切骨且覘　上意
雅不欲大臣太專乃露章論孚敬與吏部尚書
方獻夫有所好惡彭澤奸邪不當驟遷　上雖
爲兩解而孚敬與澤亦遂惡言矣　上以四時

祀太廟奉 太祖爲始祖居中而 太宗以下
皆東西相向至大祫則以 太祖之四世祖
德祖居中而 懿熙仁三世皆合而 太祖屈
居五至是欲與禘祭大雩秋報之禮下羣臣議
言以爲禘者帝也謂禘其所自出之帝也 德
祖既爲 太祖之始祖豈可復爲 始祖所自
出之帝乎請虛其位而加隆稱焉仍以 太祖
配中允廖道南則謂朱氏爲顓頊裔宜禘顓頊
輔臣孚敬會羣僚議東閣倡言曰請虛位者失

之無尊顓頊者失之遠宜仍禘 德祖便言復
上書諍之 上雖意未決而心是言旋特進詹
事府少詹事兼翰林院學士言眉目疎朗美鬚
髯大音聲不操楚語 上故已材言至進講愈
目屬之既顯與孚敬異孚敬恨乃因行人司正
薛侃之疏用彭澤計而傾之卒不勝語見孚敬
傳言出獄之月餘遂進禮部左侍郎兼翰林院
學士掌院事未幾 命禮部尚書李時入閣而
言代之與時竝召對所以褒勉獨有加時薦紳

大夫尚與孚敬讐敵謂言能抗之而言旣以開
敏結　上知又折節下士時有御史喻希禮上
疏謂祈雪求嗣不在祠醮而在行仁政因請宥
大禮大獄得罪諸臣御史石金亦言之且謂人
才用舍政事張弛一切付之廷論而　陛下恭
默凝神提挈綱領使其眞精內蘊根本固則螽
斯之慶自集　上疑其有所譏諷大怒下書數
百言苛責之命言參究毋得黨護言謂希禮金
所奏內稱宥罪可迓天休是祖常情福利之說

養心不貢勤察則啓人君怠逸之漸論事迂疎
罪實難追弟原其本意似亦無他乞俯優容或
加飭治　上益怒下旨謂遭此曹讐君怨上意
在報復姦巧欺誇罪不可逭因責言位列大臣
朕所簡拔專務徇私不圖報主先已戒其黨護
奏上參劾肆怠不恭責其具狀以對而逮希禮
金於詔獄貶謫荒徼及言謝罪疏聞亦弗罪也
以是言益得公卿間聲御史馮恩嘗有疏品第
三公九卿長佐多所不滿而獨稱言救時宰相

上既以制作禮樂自任於故典多所更易其
事在春官而言爲之長所建白多當　上意
上亦欲驟貴之其委寄與閣臣埒多出六卿上
嘗賜銀記一曰學博才優俾得密對言事未滿
考以督南郊特加太子太保尋進加少保加俸
一級督建　皇史宬加兼太子太傅重書　寶
訓實錄成進少傅再以監建　宗廟工成加兼
太子太師前後錫賚　御書繡蟒飛魚麒麟服
色玉帶兼金上尊珍饌時鮮之類無虛月爲之

釋其先軍伍有所陳乞亡不立得而是時霍韜
起家吏部左侍郎以舊郄思中言莫能間也而
會順天府尹劉淑相與言之狎戚費完不相善
坐姦人所中下獄疑言之庇其客而主之因上
書訐言罪　上怒不聽言亦疑韜主之謂淑相
與韜謁陵歸縱飲九龍池爲不敬而韜時已轉
爲南京禮部尚書矣乃上書論言以朦朧爲故
少師費宏請謚得文憲且滅縶關情節當死言
亦訐韜大罪十餘條幾於訟師巷口　上兩不

之辨而鐫韜俸一秩以謝言韜至南京復攻之
上亦不深責而言氣稍稍驕郎中張元孝李
遂坐小忤即叅謫之　皇子生言入對　上喜
甚手簪花於帽侑以白金文幣甚渥遂兼武英
殿大學士入內閣是時李時爲華蓋殿大學士
以年老朴誠居首輔而　上所以委寄之不能
如言重一切禮文之事皆以屬言賞亦稱是言
氣益驕漸孺視八座嘗從　上謁陵駐沙河言
庖中火延武定侯勛及大學士時行帳燬而

上別授言廷臣六疏亦從燬言與二臣合辭請
罪　上俱弗問而獨責言當特疏而今者不特
疏爲屬不敬言皇恐乞休　上畱而勉勵之時
獻皇帝已崇爲皇考別廟矣通州同知豐坊
小人也上疏請復古禮建明堂加尊　獻皇帝
廟號稱宗以配上帝下禮部議部臣嵩議以功
則　太宗親則　獻帝以配帝惟　上裁而不
敢任稱宗　上不悅令再議戶部左侍郎唐胄
爭之力辨之強　上褫其官於是部臣嵩懼而

如命　獻帝遂稱　肅宗入　太廟言亦莫能
持也尋以滿六年考錄一子中書舍人兼支大
學士俸俄李時卒言居首尋以祇薦　皇天上
帝奉冊勞言加特進光祿大夫上柱國少師餘
如故上柱國於人臣未有加者加之自言始其
自擬也人頗以爲異時顧鼎臣亦加少保太子
太傅禮部尚書武英殿大學士鼎臣蘇之崑山
人舉進士第一授翰林院修撰累遷至今官鼎
臣於言爲先達長且十歲言躐而貴至師傅先

大拜踰二歲而鼎臣繼之意不肯相下事有所
可否言內不能善也尋　上以　章聖皇太后
祔葬承天之　顯陵躬行謁視言與太師翊國
公郭勛俱扈從而鼎臣同留守其委寄特重因
賜言勛鼎臣蟒服玉帶白金綵幣郭勛者故武
定侯也而善張孚敬孚敬左右之得幸　上至
貴重封上公數上書論劾大臣無不立應與言
爭寵而妒　上至承天謁陵畢禮部臣嵩請率
羣臣表賀　上問之言謂宜俟回鑾至京而後

舉　上乃報罷殊不悅嵩得其指乃固請賀
上答詔以賀非卿等誠言所謂方是第禮樂自
上出賀亦可也言數與所親厚大臣宴游竟日
上聞有宣諭獨勛在賞賚稍厚於言以是益
驕恣數侵言言亦强應之言既小失　上指而
會　上幸大峪山閱視　永陵工言進居守敕
而遲　上怒責言自小官因孚敬議郊禮進乃
每每怠肆不恭因悉勒令上其前後所賜銀記
璽書手札懼謝罪固請　上銀記璽書手札而

上愈疑其有所毀損削其勛階少師等官令
以少保尚書大學士致仕言乃檢十年中　璽
書手札四百餘通并銀記上之　上怒解會言
朝辭已發而遣中貴人止之隨諭吏部復少傅
太子太傅仍故官言即入朝具疏謝　上報覽
奏卿已赴闕宜益勵初忠盡心匡輔秉公持正
不惟副朕簡任亦免衆怨也卿其思之言擬所
云衆怨者郭勛輩也復疏謝謂自處不敢後於
他人唯一志孤立為衆所忌　上不悅隨詰責

之并乙其疏中洗改字言乃皇恐引罪報聞而御史有論擿顧鼎臣留守偏獨事　上不聽或以爲言實嫉之也亡何奉先殿雷震召言與鼎臣往視震所俱不時至　上復不悅命禮部糾之言等復請罪　上曰朕所以數寬言非爲言爲左右誼重也言乃滋惰成性蔑不知警何以表率百僚鼎臣亦相效尤耶念其知罪姑宥之尚書霍韜入掌詹事府數面詰言而郭勛喜其得助益橫時有訓導蕭時芳者疏言三臣皆中

輿元佐同功一體而外議沸騰心跡未白非國家福宜賜之坐以杯酒釋其心御史舒鵬翼亦有言　上俱不聽而訓導罷爲民御史坐謫言又上疏乞骸骨謂位高則怨尤易集官久則過失自多咎積而不悟則謗日聞身危而不避則過將大今臣年近六旬精力衰謝宗支零落孑然一身不能朝夕自存凡世人所利者臣復何心戀慕　上勉以勿負朕心而巳久之還言所賜銀記及璽書手札會陝西三邊大捷推功言

復勛階及少師太子太師仍進吏部尚書華蓋
殿大學士　江淮寇平復推功言賜白金綵幣
璽書褒奬　閣臣之與邊功正德中一再見而已
明年以北邊寧謐再　賜璽書褒奬時　九廟
災言方以疾在告乞休不允霍韜死而言與郭
勛爲仇益甚言既數以病請急然實不病而以
無子故多擁諸姬妾爲歡　慈壽皇太后崩
上傳示太子服制議言報疏有譌筆　上遂切
責令陳狀言引罪因乞還鄉治疾　上怒盡削

其勛階散官以禮部尚書武英殿大學士致仕
言始聞　上之怒之乃上備虜事宜冀以解
上曰若既蘊忠謀何自愛而欲去朕耶姑不問
是時　上方治齋醮其爲青詞及他文獨言與
尚書嚴嵩稱旨内閣僅翟鑾在非　上所急也
而言且陛辭因詣西苑齋宮叩首　上聞而憐
之特賜酒饌俾還私第調理以俟後命而郭勛
轉恣横其於督工治兵掊克盗斂以數十萬計
上微覺其事前是春時給事御史請敕勛與

提督大臣會派役卒勛弗便也內閣撰勅且數
月而勛弗肯領尋與言俱引疾在告京山侯崔
元害勛寵久　上以元薦景神殿新得獨對從
容問言勛皆吾股肱也而相妬者何也元不敢
對　上復曰言疾欲歸果否歸當在何時元乃
曰俟　聖誕後始敢請耳又問勛何病元曰勛
實不病言歸卽出耳　上首領久之而給事御
史伺　上有留言而惡勛意因劾勛故不領
勅爲作奸植黨以骩國法勛奏辨有臣奸何事

黨何人又有何必更勞賜　勅等語多不遜
上大怒於是削同事者尚書王廷相官奪伯陳
鏸俸而給事中高時者言所厚也因盡列勛貪
縱不法數十餘條　上下之詔獄移三法司覆
讞論斬奪封爵誥券獄成而疏留中不下尋復
言少傳太子太師禮部尚書武英殿大學士俾
疾愈而後之任言雖以疾在外然閣事多所取
決而於窮治勛獄指授批根無所不極　上猶
心念勛疑其中言構也久之言一品滿九年考

上遣中使賜金幣寶鈔肥羜上尊盡復其黜
階官職　賜敕褒諭錫宴禮部前是言與少保
禮部尚書嚴嵩同鄉稱晚進而言以議禮驟貴
不為之下而嵩事之甚謹言之入內閣嵩遂越
顧鼎臣而代長禮部言有力焉嵩奉行唯恐不
當意言亦以門客畜之會言坐失　上旨當罷
呼嵩與謀而嵩已造　上所幸秉一真人弟謀
掎言而代其位言覺之嵩既數為給事御史所
攻乃益為恭謹以媚　上　上是時已心愛嵩

甚於言言乃日嗾所善給事御史益攻嵩　上
益憐之　上居西苑齋宮許入直諸貴人得乘
馬言獨製小腰輿以乘　上聞之不善也人主
故所御翼善冠　上不御而御道士冠因命尚
方倣而雕沈水香為五冠以賜言及成國公希
忠京山侯元大學士鑾尚書嵩言獨辭疏謂非
人臣法服不敢當　上大怒時昭聖章聖太后
故御慈慶慈寧會皆晏駕郭勛故請改其一宮
為　皇太子宮言與　上意合不許而至是

上卒問　皇太子宫當何建言偶忘之念典作工役費重倉卒對曰今兩宫皆虚可改其一以居　皇太子　上愈怒令五臣皆出直尋召成國公等入對罷言不召尚書嵩乃故冠香冠而冒輕紗帽其上使　上見之　上果悅因令成國公等三人出而留嵩慰諭甚至嵩頓首雨泣訴言之見陵陷　上使悉言罪乃得甚口少頃上遂　手敕都察院數言三罪又謂郭勛既以不領敕下獄矣猶復千羅萬織不已與太監

高忠交關共謀朕不早朝言亦不入閣軍國重事私家裁之王言要密視等戲具且言官為朝廷耳目一犬不如專一聽受主使逆君沽譽傾人取位以奉所悅戕人一家以代報復卿等其布此諭俾中外知之　上蓋欲言官論劾言而尚疑言之且復用相顧莫敢發亦不敢請罪者十六日而　上忽宣言入拜　皇考諱忌仍直西苑候　聖誕禮成言乃謝恩因乞骸骨欲以嘗　上疏上之八日而始奉　御批令革職閑

住時日有食之既　上諭禮部以臣子欺逼君外陰侵犯內陽之咎言以臣欺君上作威作福不下郭勛念與卿等累年供事免死去之爲失刑於是給事御史乃敢合疏論言且請罪　上益怒命部院盡覆覈之謫降十餘人餘罰者亦奪半歲俸而高時獨改謫邊遠蓋以其嘗論郭勛故也亡何勛病死刑部獄　上以恚因他事奪尚書吳山職餘鐫俸有差而還勛子孫侯爵蓋實惜之云言久貴用事家富厚高甍雕題廣

囿曲池之勝媵侍便辟及音聲人部皆選服御膳羞如王公其始海內縉紳意其且復用問遺踵接而最後漸不召則漸亦希簡而監司守令聞不能盡酬答言居恒邑邑不樂遇元正　聖壽必上表賀稱草土臣　上亦報聞而已久而漸憐之復禮部尚書武英殿大學士仍致仕是時代言首者翟鑾得罪去代鑾者嵩最得　上意而同事大臣許讚張璧以老病或罷或徙嵩獨相　上微聞其專特召言自家復任既陛見

盡復其階勳職秩時嚴嵩已爲少傅兼太子太師矣則亦加少師以示並重而言愈驕直陵之出其上凡有所擬　旨行意而已不復顧問嵩嵩亦默默不能吐一語而心恨之甚故事閣臣日給酒饌當會食言與嵩對案不食所給而自携庖甚豐亦不以食嵩始嵩信其子世蕃黷賄報復睚眦海內咸恨之謂言能奪嵩而制其命深以爲快未久言復恣御史陳九德論劾文選司郎中高簡下詔獄而都給事中楊上林左給事中徐良傅復劾之言有所不悅於簡及上林等擬杖簡於廷戍之而以上林等不早奏罷爲民以尚書唐龍與嵩善亦罷爲民都御史孫繼魯何鼇王學益爲言官所論糺即遣緹騎捕逮之非居間不解繼魯至瘐死獄中吏部尚書聞淵老臣也不能澳涊事言會其部左侍郎缺當以翰林臣補而禮部左右侍郎許成名崔桐皆欲得之吏部初擬成名而桐有力遂推桐給事中言之語有連少詹事黃佐王用賓遂悉勒致

仕而奪淵俸半年下文選郎中於獄抵罪淵自
是氣奪不復抗矣給事中馬錫承言意劾户部
尚書王杲受賄囑運司事　上怒下杲獄而都
給事中厲汝進遂推劾嚴嵩子世蕃及太倉尚
書王暐皆有請囑言欲借以搖嵩嵩辨疏上
上即爲杖汝進等幾死而遠謫之暐斥爲民杲
坐戍言亦不能救也御史陳其學以鹽法事論
京山侯崔元都督同知陸炳言擬旨令陳狀皆
造言請死有所進槖炳至長跪而解以是皆與

嵩比而謀搆言言殊不自悟　上左右小璫來
謁言者言奴視之其詣嵩嵩必執手延坐款款
客持黄金置其袖以是爭好嵩而惡言　上或
使夜瞰言嵩寓直何狀言時已酣就枕嵩知之
故篝燈坐視青詞草言初以是得幸老而倦思
聽客具藁亦不復檢閱多舊所進者　上每擲
之地而棄之左右無爲報言言亦不復顧嵩聞
而益精專其事以是　上益愛之而河套之議
起始言繇書生以片言合　上意驟起鼎貴欲

建立奇功名以自顯固居恒謂　高皇帝制文
臣非出將入相不得封公侯非謂文臣不得封
公侯也文臣不得爲丞相非謂不得爲三公也
以故於議撫大同討安南平汝寇皆自顯露其
筴不復托之代言而猶未慊其志曾銑者故亦
功名士也以御史平遼陽叛卒顯累官總督陝
西三邊念河套肥饒地久棄之邊與虜共之虜
得乘間入巢窟其中畜牧水草於犯秦隴甚易
欲以十萬衆逐之因故地築城增戍塡其中其

爲全陜計甚備聞於言言見以爲名美大悅而
有蘇夫人者繼妻也有才色言嬖而畏之其父
綱頗交通關節恣其奸利銑故綱同鄉推善之
亦有所結納綱亟爲言稱銑才言益自信以爲
功必可成亟下兵部會廷臣議銑所請大司農
金錢以數十萬計調山東河南良家子亦不下
萬餘皆心知其難不敢决而言意小沮會銑疏
復請給誓劒得專僇節帥以下　上心惡之始
下諭言等套虜之患久矣今以征逐爲名不知

師出果有名否兵果有餘力食果有餘積成功
可必否一銑何足言祇恐百姓受無辜之僇耳
言懼不敢決請　上裁　上乃以前諭下司禮
監印發兵部及預議諸臣嚴嵩既以窺　上指
乃上疏極稱虜之不易勝河套之必不可復師
既無名費復不淺而謂在廷之臣無不知其非
者第有所畏耳因引咎乞罷　上始報嵩以言
私薦曾銑任事之忠不顧國安危民生死唯徇
銑殘欲耳而不允嵩辭言懼上疏謝罪且謂嵩

於計議之際了無異詞而今復先臣具奏不過
諉臣以自解耳　上不悅責言之專徇私情强
君脅衆令吏禮二部都察院參看嵩遂具疏力
詆言之擅權謂機事大小毫髮不復關同言亦
力辨而　上怒不可回矣兵部會議上遂罷河
套之役而使緹騎捕銑吏禮部都察院參劾言
於是尚書淵等論言事爲任意跡涉强君　上
責其奉旨議奏猶謂跡涉此非媢卽畏是何臣
體姑不究因盡奪言餘官俾以尚書致仕言出

國門而難作矣始咸寧侯仇鸞鎮甘肅貪饕而
桀驁數違總督進止銑論糾其罪狀數十言擬
旨令官校逮捕矣嚴嵩既得志與侯元都督
炳謀欲深言罪乃代鸞具草謂嘗鬮曾銑復套
議故銑恨而中之又虜入延安殺掠吏民數萬
輕出定邊營損卒復數千懼而遣其子曾淳以
五千金賄蘇綱俾轉以二萬金賄言故爲之解
而戒使復套以爲功時曾淳以胄子在太學
上遂捕淳與蘇綱下詔獄都督炳極意煅煉而

侯元行金於中貴人實其事獄上論綱邊戍且
追所受金遂籍而使緹騎捕言始覩鸞辨謂
彼方就逮發疏時　上下諭不兩日何以知
上語而敷演爲文又何知嵩疏而附麗若此蓋
嵩與崔元輩爲之也其辭甚明晰而　上方怒
甚弗省也銑就逮以小緩期罪緹騎長奪其官
法司當銑比守邊將帥守備不設律斬　上不
許令更擬於是取嵩指以交結近侍官員紊亂
朝政律斬妻子流二千里銑性果銳有機略其

死不當罪天下聞而冤之又十二日而言亦至
時於車中聞銑所坐驚墮車曰噫吾死矣復具
疏以辨其辭甚苦而刑部尚書喻茂堅都察院
左都御史屠僑大理卿朱廷立等據曾銑律以
請而謂言實當八議所謂議貴議能者 上怒
切責茂堅等阿附其語尤及言前不戴香冠事
而言妻蘇氏發廣西從子禮部主事夏克承從
孫尚寶司丞朝慶皆奪職爲編氓言至秋竟坐
棄市年六十有七言雖以驕蹇得 上惡然亦

頗能持爭 上嘗諭之欲退處西內使太子監
國言時年六十答諭云臣全數已盡萬死不敢
奉詔 上爲之止其後所深恨言者挫郭勛與
不肯戴道士冠而天下方怨勛之横與嚴嵩之
奸貪謂言能裁之以是多惜言者隆慶初其家
上書白冤狀復吏部尚書已再盡復其官賜謚
文愍予祭葬言始有妾孕七月而蘇氏妬之嫁
民間生一子後言死而蘇氏知之迎置家其貌
甚類言且得官矣而卒病死言竟無後

翟鑾

翟鑾字仲鳴其先山東之諸城人永樂中籍爲錦衣校尉遂隷錦衣至鑾而始讀書以孤童善屬文成進士改翰林院庶吉士授編修預纂孝廟實錄成當增秩而中貴人瑾抑之與其儕俱外遷鑾得刑部四川司主事瑾誅復舊官再同考會試滿九載進侍讀復主應天試世宗初以選侍經筵日講鑾長身玉立美音吐工進止上固已目屬之預修　武廟實錄成進官時

侍讀學士董玘趨爲詹事府詹事而鑾得學士雖以久資故而時相寀欲拔以與新貴人璁蕚埒甫十日而推南京吏部右侍郎鑾以次復得之　上忽心動曰是安可使之南因罷弗用再主順天試遂擢禮部右侍郎仍日講　上所以慰賜往往而同尚書而會閣臣缺命廷臣會推　上急欲用新貴人顧所推皆耆碩　上弗悅也命再推而始及鑾　上不得已用之俾以吏部左侍郎兼學士直內閣首臣楊一淸頗以鑾

資淺疑　上報曰用鑾於顧問差得益耳然未幾竟用張璁爲尚書大學士出鑾上久之賜鑾銀記二其文曰清謹學士又曰繩愆糾違侑以勅諭俾密封言事時一清位高而華前璁貴用事俱時有所陳啓鑾默默而已　上詰之則曰聖德無可獻替　上以是心易鑾而鑾獨謹身自守而已明倫大典成進禮部尚書文淵閣大學士又久之始進兼武英殿大學士後至者輒踞鑾上洊加至保傅鑾前後六年故自如也

上建無逸殿於西內命鑾與輔臣李時坐講鑾講詩豳風七月之章賜宴賚又使縱遊苑中使中官簪紅藥於帽懸蜀扇於帶俾賦詩稱旨賜飛魚服人以爲榮尋丁母憂服除而鑾家故貧其在政府不以苞苴名旣久不召至不能自給　上旋思之而時議南狩少師言當扈從少保鼎臣居守　上曰北虜且伺閒而動奈何鼎臣請廷推重臣按行九邊以兵威怵止虜上不應已而曰吾得之矣翟鑾自內閣出足稱

重臣也即家起充行邊使改兵部尚書兼都察院右都御史以往賜璽書金帛一切得便宜行事總督鎮巡皆聽約束鑾乃齋內帑金二十餘萬自宣府始西巡至大同益西入偏頭關保德州渡黃河歷清水營入於榆林仍自花馬池而西抵寧夏繇莊浪涼州越甘肅盡西峪關而止還歷鄜延取內道出潼關以東撫保定轉自遵化永平出山海關至廣寧還薊門喜峯燕河太平馬蘭諸鎮所至宣　上威德散金錢以賚士練兵保隘其在宣大則與總督尚書毛伯溫議築五堡堡成加太子少保賜金幣在喜峯則與總督左都御史劉天和議拓關關成予一子官中書舍人還復命仍以禮部尚書武英殿大學士入內閣　上所以褒諭有加再論諸邊斬級功予世襲錦衣衛副千戶鑾以相臣出行邊邊之文武大吏咸櫜鞬出迎惴惴望顏色鑾一切以寬和待之遂至監司而上皆盛供帳酣飲譁浪至連日夕蓋始而畏中而悅終而狎且易之

歸槖皆謚而清素之風衰矣尋以二品滿六載進太子太傅賜玉帶蟒衣以陜西捷加少保安南下賜金幣及俘奴夏言既以忤旨歸鑾代之首進少傅謹身殿大學士滿三載考授光祿大夫柱國鑾頗以溫厚回 上意 上嘗怒言官奏事不實鑾徐對曰彼豈恃許風聞故耶爲之解又嘗從容語邊將鑾曰邊將驍勇者多所見無踰於周尚文小過嚴耳 上曰卿言之善嚴固當以寬劑也尚文果爲名將嘗以所厚門生

張惟一屬吏部尚書許讚欲調之選曹爲讚持奏 上兩不問而爲之斥選部郎以其誤讚訐也鑾之在内閣前後垂一紀居其上者若楊一淸之巧張孚敬之強夏言之倨俱貴重有勢力鑾皆以柔道承之故得久自安而其居首輔則嚴嵩次之其材諝藻飾皆遠出鑾上又能以勤敏結 上知 上所以諜揆錫賚嵩者時時越鑾而致釐特以鑾用事久不忍棄也而鑾猶用故事持嵩亡所遜避嵩漸不懌至鄉會試而以

其子中書舍人汝儉太學生汝孝連占高第物情洶洶嵩尤忌之給事中王交等因而劾鑾鑾奏辨　上大怒謂鑾不候處分肆行攙瀆屢以直無逸爲辭向同夏言禁苑坐輿罪止一人全不感懼以朕不早朝竝君行事二子縱有軾轍才豈宜分明竝用下吏部都察院參處疏上因盡奪鑾官秩併二子削籍爲編氓卒以困厄死年七十　穆宗初其子疏請昭雪詔復其官賜謚文懿予祭葬而二子卒不得牽復一子汝儉爲錦衣衛指揮僉事

嘉靖以來內閣首輔傳卷之四

吳郡王世貞著

嚴嵩

嚴嵩字惟中江西之分宜人父爲藩司吏其婦方娠而有光起廨舍已生嵩藩使奇之齎醪饍錢布以贈嵩長身竦瘦如削疎眉目大音聲二十二舉於鄉二十六進士高第改翰林院庶吉士授編修數移疾告歸讀書鈐山中嵩好爲詩清雅有態然弱而不能爲沈雄之思文亦類之

其治家纖嗇近小慧時人莫之重也嘗奉使至廣西道謁鄉人李遂遂故御史司其省試而得嵩者當宴鹿鳴日諸生前爲壽時嵩貌羸鶉衣遂不復盻接至是投刺見而講鈞禮遂出叵測漫應之次日始修門人禮布幣再拜而曰其非敢薄公也以公向厭之恐終棄之耳其狷隘急睚眦如此久之進侍讀領南京翰林院事召爲國子監祭酒嵩於貲薄不當祭酒輔臣費宏其鄉人私之旣去位言官有及嵩者疏辨得留進

爲禮部右侍郎給事中陸粲等論糺輔臣桂萼所私復及嵩嵩奏辨復得留尋遷左侍郎轉吏部左侍郎久之進南京禮部尚書改南京吏部尚書其在南京踰五載不召以　萬壽賀表至京師時議重修宋史方至局經理嵩謀於輔臣時以少保夏言在禮部日奉行諸祀典而尚書顧鼎臣教習庶吉士皆不暇兼職言亦從臾之遂請留嵩以禮部尚書兼翰林院學士專司董理逾歲間言入內閣鼎臣當次長禮部而嵩復私于言蹴得之自是始謬爲共謹以迎合　上意而是時御史桑喬以災異列嵩等罪嵩辨之强給事中胡汝霖復糾之有詔大臣被劾宜省已勿得强辨于是嵩懼益爲共謹而其子世蕃繇廕叙授都督府幕已恣行諸曹居間有所賄納矣時　上入諛臣言欲祀　獻皇帝于明堂以配　上帝嵩不敢違已又欲　獻皇帝稱宗而入　太廟嵩與羣臣廷議皆難之　上不悅著明堂或問以見志嵩皇恐盡變前說所以條

畫禮儀良備遂尊　獻皇帝曰　睿宗祔　武
廟上禮成而賜嵩白金百兩綵幣四有副鈔四
千貫上　皇天上帝尊號冊寶尋加上　高皇
帝尊謚聖號以配嵩奏慶雲見　上悅受羣臣
賀嵩爲慶雲賦及大禮告成頌　上嘉之付史
館明年加太子太保已從幸承天賞賜優渥與
輔臣埒嵩歸益驕于藩國請卹乞封所挾受賄
積貲且巨萬而南北給事御史以大察交章論
貪汙大臣皆首嵩而　上皆勉留之嵩奏辨而

中謂人臣于人主將必使孤立自勞而身觀望
禍福乃爲得計　上摘其語稱之于是御史謝
瑜復論嵩强辨請斥之不聽嵩恚甚乃因員外
郎衛元確復命進歸罪于吏科都給事中丁湛
爲寬子之限以市恩叅論之俱坐謫已復叅其
郎中熊過等謫之邊方欲以自張且快意而公
論益嫉之言路顯于讐矣是時大學士夏言有
所不悅于嵩語見言傳御史葉經疏稱交城王
諸孫輔國將軍表柙謀襲爵永壽王庶子惟熄

與嫡長孫懷熺爭國封嵩俱納其重賄爲之請
勘乞斥嵩以戒貪墨言乃擬　旨下臺勘而他
多右經語嵩無歸誠于　上　上憫之弗罪也
時邊警告迫　上以嵩非所職而咨詢之既條
對平平耳　上必爲之激賞欲以風止言者嵩
既已傾夏言而斥之愈益寵幸所供醮祀青詞
額對獨嵩居最乃以　聖誕恩進武英殿大學
士入直文淵閣仍掌禮部事免其奏事承旨時
嵩年已六十三而神采溢發如壯時於是吏科

都給事中沈良才等首論嵩汙佞不當干大位
不聽而南京給事中王燁御史陳經等復論嵩
幷及其子世蕃饕賄助焰實跡下所司嵩疏辨
且乞休　優詔慰留之嵩意不快復上疏謂古
語云朝廷輕重係大臣今動遭詆毀目爲姦
惡海內流傳損傷國體一宜去言官論事乃其
職然或聽指使或代報復如昨歲羣奸構謀呈
稿首臣然後封進今不即退轉相傷害益煩
聖心二宜去　上果爲温諭百餘言答之且謂

攻擊不休故違君命須罪以無君之律嵩乃出
視事時宮婢構逆旋伏誅嵩請　詔告天下人
謂宮闈秘密而悉揚之其國體傷于大臣多矣
尋代嵩爲禮部者張壁至自南京嵩請解部事
許之賜御饌金幣羊酒且諭曰比以典禮勞卿
卿以赤誠匡朕可也前是巳賜嵩銀記曰忠勤
敏達至是復賜其家藏　璽書之樓曰瓊翰流
輝奉玄之閣曰延恩堂曰忠豫嵩以吏部尚書
許讚等訐其請托事不勝益横前是考察御史

謝瑜不及當調嵩特擬　旨用貪酷例黜之而
御史葉經監山東試嵩乃摘其錄語以爲狂悖
不道俾禮部叅論逮至京杖死　關下藩臬預
試事者皆爲邊邑尉中外愈側目嵩矣時尚書
許讚以一品六年滿加兼太子太傅未幾　上
特加嵩官視讚時輔臣翟鑾特以資序在嵩上
上待之不能如嵩每有所咨問及賚予時時
首嵩而不及鑾其厭鑾久特以其舊臣不忍去
之而鑾不悟也其二子俱進士高第嵩乃授風

旨于給事中王交輩俾發其事鑾與二子俱削
職爲民嵩得益發舒 上一意用之矣而吏部
尚書許讃遂兼文淵閣大學士禮部尚書張壁
兼文淵閣大學士同嵩預機務然不獲入直應
制嵩事取獨斷不復相關白墨墨而已讃至自
歎曰何必奪我吏部使我傍睨人尋進嵩兼吏
部尚書謹身殿大學士亡何復以六年滿加少
傅兼食大學士俸一子中書舍人給四代誥命
嵩乃上言每獨蒙宣召於心未安思往歲夏言

惡與郭勛同列以致生隙夫臣子比肩事主當
協恭同心豈宜有此嫌與今臣希忠臣元臣讃
臣璧凡有宣召乞與臣同如 祖宗朝蹇夏三
楊故事嵩蓋欲示厚希忠等且見言妬也報聞
時 上方好言長生而都御史盛端明右參議
顧可學家居久各自詭有不死術嵩爲進可學
所治餌而薦端明 上悉召用之巡按福建御
史何維柏條時事而中論劾嵩甚切 上怒逮
治之維柏在道久嵩不測 上意乃請寛維柏

獄　上爲霽威杖而奪其職時諸曹皆受嵩及
世蕃請屬如外府獨吏部尚書熊浹持不肯行
莫能難也會浹以罪去則無所不靡俄而　太
廟工告成加兼太子太師賜金幣甚渥時　上
微覺嵩橫而許讚老罷張璧死乃思用夏言時
禮部尚書費寀故善言而不能得嵩意探得之
因疏留郎中周珫高簡而謂大理評事孫學思
假嵩名求出使而臣執不與學思嵩私人門生
也多機警好以萋菲中臣以孤危而失此二

臣恥愈難自立矣因乞休其言頗散漫不根
上以其托指攻訐切責之然不浹日而召言之
命下嵩以是恨費寀言既至盡復原官遂復据
嵩上　上爲加嵩少師以慰安之言既以銜嵩
則頗斥逐其黨與嵩唯唯而已不敢救時世蕃
已用恩澤累遷至太常寺少卿掌尚寶司事橫
行燕中嵩乃上疏遣　世蕃歸省墓以避言　上
猶使之馳驛還徃嵩以　萬壽加特進又以考
九年滿加華蓋殿大學士　璽書褒諭仍賜宴

禮部言尋用復河套失　上指爲嵩及崔元陸
炳構伏法嵩遂獨相　上益安之而費寀亦自
以撰齋詞得　上幸嵩度無可報乃坐其子以
不當使事譴之而寀亦自恨病死于是南京吏
部尚書張治國子祭酒李本以疎遠擢共事不
敢與可否久之懇于嵩始得入直治不任煩竟
鬱鬱以卒時宣大督臣翁萬達將臣周尚文拒
却虜而嵩復錄一子中書舍人賜金幣　上以
罪人王聯訐而信之捕故都御史胡纘宗及株

連新舊朝士數十皆欲寘之重典嵩與眞人陶
仲文頗爲救解得釋　上以嵩對制平獄可嘉
令兼支學士俸而仲文遂封伯然意殊不樂嵩
乃與仲文疏辭俱報許而仍以　萬壽節封仲
文伯爵加嵩上柱國嵩乃力辭謂人臣無上引
郭子儀不敢當尚書令爲比且欲以示謙而見
夏言悖　上悅進世蕃爲太常寺卿仍行尚寳
司事亡何虜大入冦掠三輔旋薄京師右中允
趙貞吉叩嵩直所問計嵩以撰齋詞辭不見而

義子右通政趙文華自其室脅肩出貞吉見而
詈斥之俄而禮部尚書徐階以虜嫚書請和會
廷臣議貞吉厲聲言虜在城下何可和但請
皇上御奉天門赦沈束旌周尚文士氣當百倍
而貞吉又自具疏請遣羣臣有才識辨博者詣
行營宣諭諸將得一賊首予百金敢戰者損卒
亦賞逗遛者全軍亦罰　上雖壯之而內不悅
也嵩因請即命貞吉往往而驟至仇鸞軍卒不
得要領還嵩乃激　上怒杖貞吉而謫之荒徼

以自快兵部尚書丁汝夔雖以調度失宜然為
人潔廉楊守謙守土臣也倍道勤王　上怒其
不能破賊誅之嵩皆不能救而巡撫王汝孝總
兵羅希韓逮稍緩世蕃盡羅其賄與嵩計伺
上喜而解之卒以免仇鸞故以嵩去言而脫其
罪深德嵩約結為父子復起為大同帥帥其衆
入援無功而為大言聳　上聽嵩從臾之遂總
京營兵進太保仍督諸路兵馬入二萬金謝嵩
嵩亦受之虜退始上疏請發粟賑中虜者并掩

齒骼及他選將練兵碌碌紙上語而已于是中外怨嵩父子剌骨而刑部郎中徐學詩歷指其誤國無狀凡數十事且謂其威權足以假手下石機械足以先發制人財勢足以廣交自固乘機構隙足以示威刼衆文詞辨給足以飾非强辯精神警敏揣摩精巧足以趨避利害而彌縫闕失私交密惠令色脂言足以結納權路而緘杜人口故諸凡論嵩者即不能顯禍于正言直指之頃亦必托事假人陰中之于遷除考察之際臣不能悉記即如先任給事中王燁陳塏御史謝瑜董漢臣等于時幸蒙寬宥而今安在哉故天下之人視嵩父子如鬼如蜮不可測識寧是痗心疾首敢怒而不敢言何者誠畏其陰中之也　上乃捕學詩下詔獄斥爲民而温旨慰留嵩嵩不自安請遣世蕃歸田里不許令給假隨任侍親而已學詩疏雖不見用然天下傳誦以爲名言仇鸞始雖由嵩入旣挾虜得　上重而驕嵩猶欲以兒子畜之不應遂凌嵩出其上

嵩恚數以密疏言之但止萬狀許不聽而諸部
臣言官有抗觸鸞者立碎鸞之補虜緣細以為
大功要重爵賞而嵩子世蕃亦緣而進工部左
侍郎于一子錦衣千戶鸞以是益恨嵩而嵩
之其所讒其嵩　上亦為心動至宣召亦稱疾
時陸炳掌錦衣縱騎與鸞爭寵炳嵩乃厚收炳
以為腹心使詗伺鸞鸞亦為之備然其所從卒
不能如縱騎擾狡鸞自是憚炳弄中然炳間為
推重鸞以為中山定興之流亞鸞不疑也既虜
勢日迫而鸞病甚　上聞收其大將軍印鸞暴
死炳乃謀于嵩捕鸞之義子逃之虜而追執之
盡得其交通狀誅其妻子嵩以是益親信父子
貪亦益甚南京廣東道御史王宗茂復疏其貪
贓數十事皆有實　上復為之謫宗茂二秩
補外以安嵩而給事中袁洪愈劾去其所善客
翰林檢討梁紹儒亦弗敢救也前是兵部員外
郎楊繼盛以爭論與虜市馬非策忤仇鸞下獄
諸邊臣依違既被逮得罪還復官嵩欲以公

收之繼盛不應復抗疏極論其十六罪五姦中外傳誦以爲破的中窾可以必勝而　上獨怒之摘其中有召問　二王語以詐傳親王令旨律坐絞而復杖之百復以　手札諭留嵩嵩乞休　上報以羣邪黨比謂逆賊勾虜其本在卿蓋指摘賛直玄修不阻朕耳朕非內色外禽者崇事上玄又與宋徽梁武不同人臣邀譽賣直卿以此乞休墮邪孽計宜安心供職奉順天休時嵩有義孫鵠未十六而冒兩廣功級得錦衣

千戶繼盛及之下兵部尚書聶豹皆曲爲之諱而郎中周冕獨發之亦坐奪職當是時雲貴淸軍御史趙錦亦有疏論嵩謂嵩窺伺逢迎之巧似於忠勤諂諛側媚之態似於恭順能引植私人布列要地以探諸臣之動靜先發而制之故不敗露又善以厚賂結　陛下左右之人凡深宮起居意向無不先得故多稱旨或候　聖意所發因而行之以成其私或因事機所會從而執之以肆其毒使　陛下思之則其端本發于

朝廷使天下指之則其事不由于內閣幸而
洞察于 聖心則諸司代嵩受其罰不幸而遂
傳于後世則 陛下代嵩任其咎錦工于中嵩
惡而他語尤剴至 上亦使緹騎捕之兩月而
至怒小解斥爲民亡何嵩之義子趙文華重文
華者故無賴小人也數經吏部察嵩强而用之
至通政使乃自以百花酒進 上嵩巳跪而詈
數之矣會吏部尚書萬鏜者嵩同年相善坐言
事廢田間賴嵩以起至爲吏部數與嵩齟齬不

甚用其言至是復推文華督撫鄖陽以遠嵩而
給事中朱伯辰上疏劾文華邪媚奔競寵賂日
章不宜玷臺憲有 旨再推文華迫則謀于世
蕃乃教之使劾鏜前爲右都御史中以侍郎起
用而併二品通考以臣欲紊之故出臣于外不
巳而嗾伯辰論臣欲以鉗衆口嵩爲內主激
上怒悉奪鏜伯辰官俱爲民而文華愈横矣嵩
以滿十五載考賜金幣御饌肥羜上尊錄一子
中書舍人仍賜勅褒諭再以京師外城完嵩與

有閣視勞遷世蕃爲工部左侍郎仍侍親而不
奪俸尋以　萬壽節推恩令世蕃出理部事嵩
辭許之再以却虜推恩錄一子尚寶司丞嵩辭
上諭以盡誠贊玄實爲忠首往往與陶仲文
竝論嵩不耻也江南連歲倭大作南京兵部尚
書張經爲總督討之久未平而趙文華乃疏陳
用兵七事首以祀海神爲言人皆笑其誕而
上獨然之爲切責兵部覆議上　上以問嵩嵩
言江南奏報多失實宜遣大臣往祭海即令察

視賊情求可以區處長策具實奏聞所使即文
華亦可　上乃命文華文華行而大簸威福所
挾持將吏金寶無算時總督張經自恃其位高
而望隆不肯折節文華諸發兵守便宜又不與
計會有流言聞于　上　上怒文華伺得其指
露章劾之　上　緹騎逮經而經則已大破賊
俘斬千計捷聞　上怒亦不釋經迫則行五千
金賄世蕃世蕃與嵩謀欲爲　上解不解則姑
爲溫言款經至厄方悟因詈嵩父子于市而李

默者骨鯁士也少有文數更顯官至浙江右布政使嘗候嵩嵩謂其貌類我援之入爲國子祭酒累薦于　上得躐拜吏部尚書乃稍稍自持見不能讐其意嵩更譖于　上得罪去而陸炳繇武科爲默門生乘　上之思默使所厚中人稱之遂得復官尋以撰齋詞入直幸矣念不自嵩起動與抗世蕃威無所不加獨不能得之吏部而會文華歸復命　上以御饌勞之問倭事何時可息肩文華對殘寇行且滅不足憂　上爲之悅而文華行珍寶値萬金于嵩夫婦及世蕃至入內室叩首嵩夫人夫人勞苦文華謂尚不能爲郎君易腰帶我相公責也而兵部尚書楊博以憂去文華幾得之默所推絕不及其見默欲有陳默厲色待之怏怏而退乃刺得默試士策問以爲誹謗　上爲漢武唐憲又所推東南督臣不用胡宗憲而用王誥蓋欲敗東南事爲其鄉人張經報讐　上大怒下默詔獄論死尋屬輔臣李本行部事品第羣臣九卿而下及

言官悉以次去嵩所惡　而薦其客吳鵬代默而
亟稱文華于　上遂進　工部尚書躐加太子太
保罷王誥不用用胡宗憲中外大權一歸于嵩
矣文華又以都督陸炳嘗叛嵩復刺得其陰事
將劾之炳懼重賄世蕃捄以謁文華始解既而
知其謀出自世蕃遂併恨世蕃而徐階以次輔
日重爲羣望所屬炳乃委腹階以自固嵩父子
亦稍稍覺之倭復大張詔遣兵部侍郎沈良才
討之嵩知　上意以文華昔對殘寇且平爲不

實懼而使文華自以督師請　上悅許之與宗
憲合而誘降寇首徐海等因揜擊平之文華加
少保宗憲爲右都御史而嵩等皆賜金幣嵩又
以十八年滿官一子中書舍人賜宴及　璽書
褒諭自文華等之有功推遷及罷職尚寶卿史
際通政呂希周等而世蕃所納賄復以巨萬計
文華乃上疏歸功嵩以爲嵩實授之成算而嵩
亦薦文華有學行宜供撰齋詞其後文華以驕
蹇忤　旨逐嵩不之救　上亦不以咎嵩而宗

憲自是益傾江南庫藏爲世蕃餽所需古法書
名畫種種宗憲皆爲索之富人世家豪欲巧獵
靡所不極而他撫臣監司相習成風不以爲諱
其所獻鼎彝尊罍之類或發塜剽攻他寶翫多
起大獄而後得之世蕃猶汲汲無已尋以 萬
壽節加嵩兼食尚書俸仍免廷謝自是凡有旌
錫皆免謝至一切祭祀救護日月無嵩跡矣前
是虜入犯邊錦衣衛經歷沈鍊抗疏論嵩父子
奸惡 詔以鍊詆誣大臣自爲名廷杖之謫編

嶺外之保安鍊悻悻不得志乃招四方游士以
講學名多及時政得失或馳馬至居庸關下戟
手詈嵩父子或爲草人象而射之事稍稍聞嵩
惡之使世蕃授指宣大總督楊順圖鍊順故嵩
客時邊事多損敗方藉嵩父子屏蔽即響應而
與巡按御史路楷謀世蕃復以入內五品啖楷
乃因妖人閻浩等通虜事發捕鍊竄名其中而
張大之兵部尚書許論不敢執遂斬鍊幷戍其
一子庚死者復二人遷賞順楷以下如初約天

下聞而痛之于是給事中吳時來極論楊順靡
費邊餉縱虜出入而以重賄納路楷相率為蒙
蔽致右衛危困尚書許倫昏酣不能有裨廟謨
　上以問嵩嵩曲為順楷掩覆且謂言官風聞
論人不可盡信　上不聽趣捕順楷下錦衣獄
而奪尚書論職時來遂謂嵩可勝也亟上疏極
論嵩世蕃罪惡而刑部主事張翀董傳策亦言
之前是輔臣徐階為禮部時虜入寇數有所建
白觸嵩忌諱以是百方阻其進不得而階潔廉

又時時為人語時政輒歎息流涕稍稍聞于嵩
至是以時來翀皆階所取士也而傳策又其鄉
人乃密奏三人同日而搆臣必有使之者且時
來已奉命使琉球疑其悔行欲藉口自脫自封
進時來翀試錄　上乃下之　詔獄令追究主
確之人以聞而時時自語曰階固賢雖然嵩老
矣何不小需歲月而忍若是階危且甚而時來
等既下獄考掠窮五毒竟不言主使者第曰
高廟神靈教臣耳而亦會都督炳心向階以是

坐狆傳策相主使時來避遠役獄上各發戍烟瘴衛所而慰留嵩嵩以是益恨階并及炳矣其後順楷就逮至詔獄嵩復爲之寬解順僅坐戍而楷謫外當是時　上坐深宫中欲以威福遠攝連率大臣時時有所逮訊若阮鶚吳嘉會章煥等多從重典雖甚親禮嵩而不盡信之間一取獨斷或故示異同欲以殺離其勢而嵩與世蕃能得其竅欲有救解則必順　上意極詈之而微婉曲解釋以中　上所不忍其欲有排陷

必先稱其孅露若與彼親者而以冷語中之或觸　上所耻與諱　上更爲之怒以是卒不能脫其籠絡而威福益廣時吏部兵部與文選職方郎號爲文武庫吏而尚書吳鵬歐陽必進許論郎萬寀方祥爲尤著必進者嵩內親也數以賄通嵩得出入臥內會　大朝災議與工而必進自刑部調工部　上老之以問嵩嵩盛稱其精力才識遂以工婁就驟遷至少保而倦于事嵩復爲之改都察院　上弗悅也于辭疏　旨

曰必進已之任矣何更辭嵩謂必進毋再辭但
履任居兩月而吏部尚書缺嵩復勸廷推必進
衆莫應嵩怒嫚罵之不得已而以必進名上
上投之地嵩密疏曰必進內親也臣老矣非必
進無可以慰臣者乃以必進爲吏部尚書僅三
月而假他事去之世蕃猶誇于人謂用必進
上無若我何棄必進我亦無若 上何前是
上以嵩直舍隘別斥小殿材營室于側多蒔花
木其隙以娛之復發中金百爲製什器朝夕割

御膳法酒使中貴人調而賜嵩嵩老尚健饕始
聽腰輿出入禁苑矣已而嘉其年滿八十特賜
肩輿且令支伯爵俸嵩復以京師居第之中堂
請額 上名之曰忠正又名其南昌居第之中
堂曰耆德樓曰寶翰嵩故有居第在宜春分宜
幷京師南昌而四皆宏廠壯麗分葦金實以實
之猶不足而繼世蕃之羅取益甚初 皇太子
薨 裕王以序當立禮部數請期而 上意嫌
代已屢報寢嵩念 上獨所信任迫衆情時時

亦爲請而與陶仲文比而阿　上意　上亦自
知之時　裕景二王竝居外邸禮服無異外論
洶洶謂莫知適從而故左中允郭希賢失職家
居欲以危釣奇乃具疏謂自攻嵩者有問二王
之說而得罪恐不相安幸各召而面諭之使二
王毋疑嵩嵩毋自疑且請出景王於外以安
裕王疏既上嵩雖恨希顏而叵測　上旨請下
禮部詳　上乃露怒希顏意嵩始得發舒　上
命御史即家僇希賢傳首海內世蕃念以多樹

敵恐嵩一旦老死不易支而謂　上意搖或可
因而更樹乃多行金左右謀立景王庶幾異日
代嵩執政而　上一日忽諭禮部令景王之國
世蕃猶令嵩與禮部尚書吳山言　上意未必
爾或欲因以試物情山不可乃具儀上景王卒
之國而世蕃之謀益解俄以世蕃三品滿九載
加服俸視尚書再以　萬壽節加嵩歲祿二百
石而世蕃亦兼支尚寶司卿俸尋嵩夫人歐陽
氏卒時世蕃方戀權不欲歸而嵩無次子可以

扶枢者嵩請於　上謂年已老耄不可無世蕃
侍　詔聽留共養如故嵩故以警敏得　上意
亦善自卑屈至士大夫入謁人人慰勞務得其
懽心間標故所憶記以示聰明晚節知天下之
怨之間捨舊郄而收錄知名士若編修唐順之
中允趙貞吉等皆以淪落爲感不自覺入其彀
至顯庸因而有稱之者然其陰賊發于心而動
于機械不自覺也世蕃尤險悍慓猾每謂天下
才唯已與陸炳楊博而三然與炳晚節相妬炳

暴死世蕃稍快頗亦能習閣家典故曉暢時務
嵩既老　上時有所問而不能答謀之其客皆
不稱　旨屬世蕃草輒報美嵩以是益仗世蕃
而心愛之諸曹白事者輒問曾以質兒子否至
云東樓謂何東樓者世蕃别號也世蕃以是益
驕橫九卿臺諫至浹日不得見或停使至暮而
遣之或有嵩許而世蕃不許者卒弗許也嵩在
直或累月不出世蕃日與其所狎客縱倡樂豪
飲益拓居第連三四坊堰水以爲方塘踰數十

畝傷植奇樹異卉乘輿張褐蓋遊行其中若輔
臣階與李本其父執也成國公朱希忠元勛也
虐之酒不潦倒不已性尤强記於中外官職饒
瘠險易亡不闇熟其責賄多寡毫髮不能匿後
上亦稍稍聞之而世蕃以衰服不能入之嵩
直所嵩所報札漸不如 上旨而齋詞亦稍倦
時 上所居萬壽宮火而大朝殿工方急嵩以
煩費難之欲請 上還大內則不敢乃請暫徙
南城之離宮南城 英宗故稱 太上皇時所

居也 上乃以問階階爲規畫營萬壽宮甚詳
且費省而力易 上大悅宮旣成而所以褒擢
階至厚嵩僅加祿百石不能敵矣自是 上有
顧問不及嵩即及嵩不過齋詞事而已嵩故與
階郄懼而置酒要階入內使子孫家人羅拜之
舉觴屬曰嵩旦夕死矣此曹唯公哺乳階謝不
敢當而是時方士藍道行以乩得幸 上 上
故有所問密封使中官至乩所焚之不能答則
咎中官穢不能格眞仙中官乃與方士謀啓示

而後焚之則所答具如 旨道行狡乃僞爲紙
封若中官所齎者及焚而匿其眞跡以僞封應
上一日問今天下何以不治對曰賢不竟用
不肖不退耳則問誰爲賢不肖曰賢者輔臣階
尚書博不肖者嵩父子 上復問吾亦知嵩父
子貪念其奉玄久且彼誠不肖上眞胡以不震
而殛之答曰上眞殛之則益用之者咎故弗殛
也而以屬汝旣答報袖以示御史鄒應龍會嵩
等請考庶吉士而諸進士中有貸金于司禮監

中貴錦者錦密以聞 上即日罷考應龍乃抗
疏論嵩父子貪奸誤國諸大罪十餘條 上以
名捕世蕃及舞法行賄者皆下之詔獄而猶謂
嵩小心忠愼壽 君愛國人所嫉惡其致仕去
仍馳驛歲給祿米百石嵩猶爲世蕃求解 上
謂念若忠勤已加優處又何以兒兒瀆救嵩乃
不敢復言獄上世蕃及其子鵠皆坐戍烟瘴衛
所家奴及隷人永年等坐絞當世蕃之用事吏
部郎賄最重御史次之給事中又次之所以先

御史者其巡按得盡收贖鍰鬻卿寺鈌而給事中獨不能至吏部郎之始巳三千金而後遂至萬二千若項元治者竟就逮庾死詔獄其家亦破天下笑之世蕃迫則行十餘萬金于諸幸姬家猶能脅詗藍道行陰事下刑部獄侍郎葉鏜鄢懋卿誘使誣伏前僞狀而引徐階道行不聽論死而後得釋應龍以敢諫進通政司叅議

上猶悔之且追思嵩贊玄勤誠欲退居西內專祈長生以示輔臣階等極言不可 上乃勒階

等必贊玄如嵩乃可而謂嵩巳退其子巳伏罪敢有再言者同應龍俱斬中外洶洶虞嵩且復用而久之階益見信乃巳于是嵩之黨鏜懋卿萬宷何遷張雨唐汝楫王材及其壻袁應樞先後以白簡華職而胡宗憲自浙直總督被逮尋釋之宗憲既得志首以書畵賄嵩父子金玉珍翫相繼半入其橐江南公私爲之一空奢淫縱恣靡復風紀而其殲徐海執汪直功亦有足多者 上以其屢進白鹿白龜不忍罪也伊廉人

之爲工也以殘暴屢見糺臺使者迫則行十萬
餘金於嵩得小緩至是使其校卒十餘輩造嵩
家務償金嵩置酒款之而好謂曰所遺金十萬
則無之僅得半耳而又半費請以二萬金償因
盡以　上所賜金有印識者予之旣去而聞於
郡曰有江盜刼吾家二萬金去矣速掩之可獲
也郡發卒追得金悉捕校卒下獄論死而世蕃
之自戍所私歸益廣拓第舍又用金多爲盜窺
乃召募伎勇材力之士合數百人日夜擎刀斗
自衞郡邑頗疑其跡而嵩故所養舍家子出外
爲非者推官郭諫臣受民間訟牒滿百紙輒封
以與嵩嵩怒而却之他臺使監司小有違言嵩
輒呼具册我且入京面奏以時恫喝而會前有
賀　萬壽表得　溫旨及賞賚謂　上且當見
憐因懇疏請移世蕃便地共養　上不許而報
曰嚴嵩有一子侍已恩待矣諫臣乃疏以聞巡
江御史林潤遂露章劾世蕃與羅龍文表裏相
約多招納亡命有叛心龍文故世蕃客爲通賄

與同戍者也　詔即委潤捕世蕃龍文既至京
潤因盡發其罪狀下三法司比擬俱依子罵父
律斬　上不懌令更擬乃擬謀叛律而猶未及
嵩　上即令棄之市而謂嵩畏子欺君大負恩
眷并其諸孫見任文武職俱奪為編氓拘役籍
其家黃金可三萬餘兩白金廿萬餘兩他寶玉
重器服翫所直又數百萬而知者尚恨其以緩
故散匿不少臺臣乃益論戍萬寀鄢懋卿追其
受寄金錢垂二十年不盡寀由選部郎至大理

卿懋卿至刑部右侍郎皆世蕃腹心寀貪而懋
卿尤恣橫其以都御史出覈鹺所經行兩畿齊
晉河洛吳楚幾天下半皆挾世蕃父子叱咤風
生守令而下膝行蒲伏上食惟謹至以文錦被
廁牀白金為溺器妻妾隨行者錦五綵輿以民
婦十二舁之即趙文華胡宗憲不能過也嵩死
時寄食墓舍不能具棺槨亦無弔者時年八十
有六

嘉靖以來內閣首輔傳卷之四